Collection de feu M. BERCIOUX

TABLEAUX

Anciens et Modernes

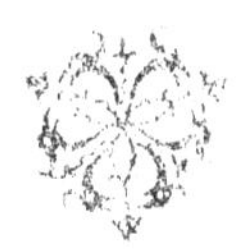

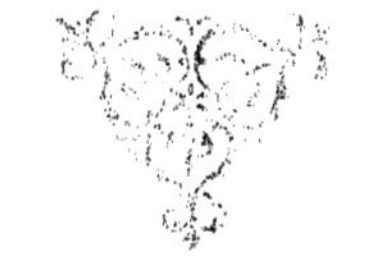

CATALOGUE

DE

TABLEAUX

ANCIENS ET MODERNES

PAR

ACHARD, BOL (F.), COURTOIS (J.)
DEMARNE, DIEPENBECK, EVERDINGEN, FRANCK
HEEM (D. DE), JADIN (L.-G.), KLOMP, LAZERGES, MIGNON
MOUCHERON ET VAN DE VELDE, PERINO DEL VAGA
SNYDERS, TENIERS (D.), VLIÉGER (S. DE)
ZIEM ET ZORG

Lot important de Cuirs de Cordoue du XVIIᵉ siècle

COMPOSANT LA

Collection de M. BERCIOUX

DONT LA VENTE APRÈS DÉCÈS, AURA LIEU

HOTEL DROUOT, SALLE Nᵒ 7

Le Mercredi 29 Mars 1905

à 2 heures

COMMISSAIRES-PRISEURS

Mᵉ TROUILLET | Mᵉ HUCHEZ

63, rue Sainte-Anne, 63 | 17, rue de Maubeuge, 17

PEINTRE-EXPERT PRÈS LE TRIBUNAL CIVIL

M. G. SORTAIS

4, rue Mogador, 4

EXPOSITION PUBLIQUE

Le Mardi 28 Mars 1905, de 1 heure 1/2 à 5 heures 1/2

CONDITIONS DE LA VENTE

Elle sera faite au comptant.

Les acquéreurs paieront *dix pour cent* en sus des prix d'adjudication.

Paris. — Imp. Georges Petit, 12, rue Godot-de-Mauroi. — 15157-05.

TABLEAUX

ANCIENS ET MODERNES

ACHARD

I — *Paysage du Dauphiné.*

Signé en bas, à gauche.

BOILLY (Genre de)

2 — *Portrait d'homme.*

BOL (Ferdinand)

3 — *Portrait de Saskia, femme de Rembrandt.*

Vue presque de face, sur la tête une large toque
ornée de pierreries, légèrement posée sur la gauche,
sa poitrine à demi décolletée et recouverte d'une gaze
blanche ; elle porte au cou un collier de perles.

Toile. Haut., 63 cent. ; larg., 5o cent.

Nº 3

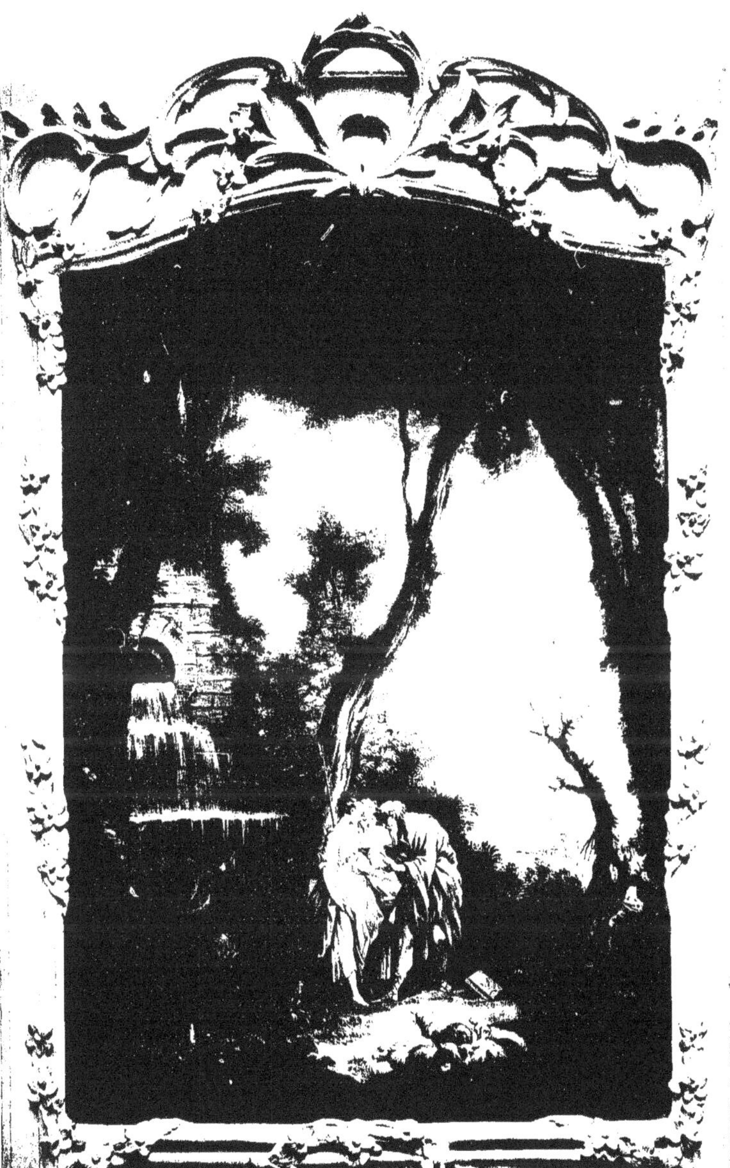

No 1

BOUCHER (École de François)

4 — *La Bonne aventure.*

Près d'une source, un vieillard lit dans les lignes de la main d'une jeune fille ; une autre jeune fille, curieuse, regarde attentivement. Au premier plan, à droite, un groupe de moutons couchés ; plus loin, un bouquet d'arbres et des clairières dans la campagne.

Toile. Haut., 1 m. 10 ; larg., 70 cent.

Encadrement en bois sculpté.

Haut., 2 mètres ; larg., 90 cent.

BRAUWER (Attribué à Adrien)

5 — *Scène de buveurs.*

CLOUET (École de)

6 — *Portrait de jeune seigneur en pourpoint gris clair orné de perles.*

COURBET (Genre de Gustave)

7 — *Paysage traversé par un cours d'eau.*

COURTOIS
(Jacques, dit le Bourguignon)

8 — *Combat de cavalerie.*

Les soldats des deux camps sont pêle-mêle et combattent avec acharnement.

Toile. Haut., 70 cent.; larg., 1 m. 10.

CRANACK (École de Sunders)

9 — *La Vierge et l'Enfant-Jésus.*

DEMARNE (Jacques-Louis)

10-17 — *Une Chèvre.*

Un Ane blanc.

Un Ane noir.

Animaux.

Une Chèvre.

Un Chien.

Une Tête de vache.

Une tête de mouton.

Huit études.

DESENEZCOURT (Jules)

18 — *Portrait d'un personnage Louis XIII.*

Vêtu d'un pourpoint noir, il porte le collier de la
Toison d'or.

Toile. Haut., 74 cent.; larg., 6. cent.

DIEPENBECK (Abraham)
(D'après Rubens)

19 — *Sainte Famille.*

Peinture sur bois.

DUVIEUX

20 — *Vues de Venise.*

Deux pendants.

DYCK (Genre de Van)

21 — *Tête d'homme.*

Vue de trois quarts, vers la gauche.
Étude.

DYCK (École de Van)

22 — *Amour ailé.*

DYCK (École de Van)

23 — *La Vierge et l'Enfant-Jésus.*

DYCK (École de Van)

24 — *La Vierge Marie et sainte Madeleine
pleurent devant le Christ mort.*

DYCK (École de Van)

25 — *Saint François d'Assise en prière.*

ÉCOLE ESPAGNOLE

26 — *Nativité.*

De forme ronde.

ÉCOLE ESPAGNOLE (XVIIe siècle)

27 — *L'Assomption.*

Au Paradis, le Christ reçoit la Vierge ; un ange au-dessus d'elle lui pose une couronne sur la tête, tandis que d'autres anges jouent et chantent des Hosannas.

ÉCOLE ESPAGNOLE

28 — *Madeleine éplorée devant ses livres de prières.*

ÉCOLE ESPAGNOLE

29 — *Vierge en prière.*

Cadre en bois sculpté.

ÉCOLE ESPAGNOLE

3o — *Portrait de jeune homme.*

> Il est colleté de blanc, vêtu d'un pourpoint jaune à manches blanches, traversé d'une écharpe.
>
> Miniature ovale.

ÉCOLE FLAMANDE (XVIIIe siècle)

3i — *Vierge et Enfant-Jésus.*

> Cadre en bois sculpté.

ÉCOLE FLAMANDE

32 — *Sainte Catherine.*

ÉCOLE FLAMANDE

33 — *Séraphin jouant de la viole.*

ÉCOLE FLAMANDE

34 — *Descente de Croix.*

ÉCOLE FRANÇAISE (XVIIIᶜ siècle)

35 — *L'Épouvante.*

Groupe d'amours.

ÉCOLE FRANÇAISE (XVIIIᶜ siècle)

36 — *Buste de Naïade.*

Haut., 68 cent.; larg., 55 cent.

ÉCOLE FRANÇAISE

37 — *Amours.*

Deux grisailles en pendant.

Haut., 36 cent.; larg., 23 cent.

ÉCOLE HOLLANDAISE
(Fin du XVe siècle)

38 — *Le Calvaire.*

Au centre, le Sauveur est crucifié, la Vierge, à
gauche, et saint Jean, à droite, prient debout près de
lui ; derrière, le paysage s'étend et se détache sur un
ciel nuageux.

Bois. Haut., 90 cent. ; larg., 65 cent.

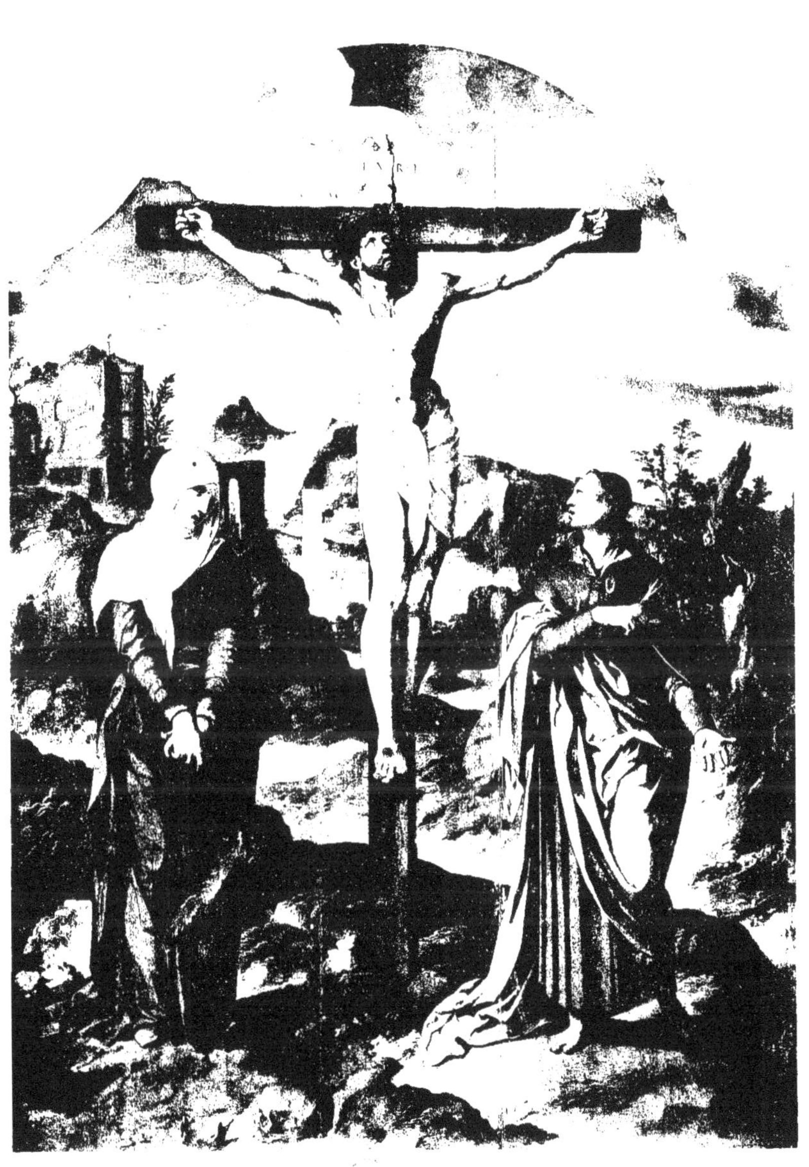

N° 38

ÉCOLE HOLLANDAISE (XVIIe siècle)

39 — *Vaches et moutons dans un paysage.*

ÉCOLE HOLLANDAISE (XVIIe siècle)

40 — *Portrait d'homme.*

> Coiffé d'une toque rouge, vêtu d'un costume vert,
> il tient dans la main droite une pipe.

ÉCOLE HOLLANDAISE (XVIIe siècle)

41 — *Portrait d'homme.*

> En pourpoint noir et collerette blanche.
> Miniature ovale.

ÉCOLE HOLLANDAISE

42 — *Portrait de jeune femme.*

> Peinture sur cuivre.

ÉCOLE HOLLANDAISE (XVIᵉ siècle)

43 — *Portrait de femme, tenant une boîte de la main gauche.*

ÉCOLE HOLLANDAISE (XVIIᵉ siècle)

44 — *Portrait de vieillard.*

> Vu de trois quarts à droite, la tête presque de face, il porte un costume noir, surmonté d'une collerette blanche, et tient ses gants dans la main droite.
>
> Toile. Haut., 95 cent ; larg., 75 cent.

ÉCOLE ITALIENNE

45 — *Sainte Famille.*

ÉCOLE ITALIENNE

46 — *Sainte Madeleine.*

ÉCOLE ITALIENNE

47 — *Vierge tenant sur ses genoux l'Enfant-Jésus.*

> Ovale.

ÉCOLE ITALIENNE

48 — *Naïades.*

ÉCOLE ITALIENNE

49 — *Le Christ entre les deux larrons.*

ÉCOLE ITALIENNE (XVIe siècle)

50 — *Allégorie des Arts.*

Haut., 1 mètre; larg., 1 m. 30.

ÉCOLE ITALIENNE (XVIIe siècle)

51 — *Trilogie.*

ÉCOLE ITALIENNE (XVIIe siècle)

52 — *La Danse.*

Groupe d'amours jouant et dansant.

Grisaille.

Haut., 75 cent.; larg., 1 m. 15.

ÉCOLE ITALIENNE (XVIIe siècle)

53 — *Le Génie de la Paix.*

> Un Génie, à demi enveloppé d'une draperie bleue,
> tient de la main droite une branche de laurier.
>
> Toile. Haut., 1 m. 30 ; larg., 94 cent.

ÉCOLE ITALIENNE (XVIIe siècle)

54 — *Les Trois portiques.*

ÉCOLE ITALIENNE (XVIIe siècle)

55 — *Tête de vieille femme.*

> Vue de trois quarts, à droite.

ÉCOLE ITALIENNE (XVIIe siècle)

56 — *Glorification de la Sainte Croix.*

> Toile. Haut., 1 m. 20 ; larg., 1 mètre.

ÉCOLE ITALIENNE (XVIIe siècle)

57 — *L'Enfance de Bacchus.*

> Couché sur un tertre, Bacchus cueille des raisins et
> s'enivre.
>
> Toile ovale. Haut., 75 cent.; larg., 95 cent.

ÉCOLE MODERNE

58 — *Tête de chien.*

Étude.

EVERDINGEN

59 — *Paysage.*

Au premier plan, une rivière coule ; un pont rustique, sur lequel deux personnages passent, relie les deux rives.

Toile. Haut., 63 cent.; larg., 80 cent.

FRAGONARD (École de)

60 — *Rondes d'enfants*

Deux pendants, sur bois.

FRANCK (F.)

61 — *La Conversion de saint Paul.*

Signé en bas, à gauche.

Toile. Haut., 48 cent.; larg., 64 cent

FUENTES

62 — *Projet d'architecture.*

Signé en bas, à gauche.

GÉRICAULT (Attribué à)

63 — *Deux Têtes de nègre.*

Études.

GÉRICAULT (D'après)

64 — *Croupes de chevaux dans une écurie.*

GOYEN (Genre de Jan Van)

65 — *Vue du Port d'Anvers.*

GROBON (F.-F.)

66 — *Fleurs.*

Roses et chèvrefeuilles.

GUARDI (École de Francesco)

67 — *Paysage.*

Près de la porte d'une ville, non loin d'un cours d'eau sur lequel un pont est jeté, plusieurs personnages s'acheminent sur la route.

Toile. Haut., 31 cent.; larg., 46 cent.

HEEM (David de)

68 — *Nature morte.*

Pêches, raisins, citron et cerises.

Toile. Haut., 35 cent.; larg., 31 cent.

HOLBEIN (École de Hans)

69 — *Portrait d'homme.*

Vu de face, coiffé d'un bonnet noir, une collerette encadre son cou ; il porte un pourpoint de velours.

Bois. Haut., 35 cent.; larg., 30 cent.

INCONNU

70 — *Portrait de femme en corsage rouge.*

INCONNU

71 — *Paysage des côtes d'Angleterre.*

Signé d'un *T* en bas, à droite.

INCONNU

72 — *Étude de roses.*

Pastel signé du monogramme : *A. M.*

INCONNU

73 — *Portrait d'enfant.*

De face, la tête appuyée sur la main droite et regardant vers la gauche.

JADIN (Louis-Godefroy)

74 — *Côtes d'Orient.*

Signé en bas, à droite.

KLOMP (Albert)

75 — *Vaches et moutons couchés dans un paysage.*

Signé en bas, à droite.

Bois. Haut., 42 cent.; larg., 36 cent.

LAZERGES

76 — *Saint Augustin méditant.*

Signé en bas.

LEMOINE (Genre de François)

77 — *Amour mangeant une pomme.*

LONGUET

78 — *Baigneuses dans un paysage au bord de l'eau.*

LUCATELLI (attribué à André)

79 — *L'Assaut.*

Près d'un château, aux bords d'une rivière, les assiégeants pénètrent dans la ville par un pont-levis.

Cadre en bois sculpté.

Toile. Haut., 36 cent; larg., 46 cent.

MAZZOLA (Gerolina)

80 — *Le Roi David.*

Il tient de sa main gauche une viole de gambe et de l'autre un archet; son genoux gauche posé sur un tabouret, il regarde le ciel.

MIGNON (Abraham)

81 — *Bouquet de fleurs.*

Peinture sur bois.

MOUCHERON & VAN DE VELDE

82 — *Paysage.*

> Au premier plan, un chasseur cause avec une femme ayant près d'elle un enfant; plus loin, à gauche, un chien.
>
> Toile. Haut., 28 cent.; larg., 46 cent.

MURILLO (École de)

83 — *Enlèvement de sainte Madeleine par deux anges.*

PALMA LE VIEUX

84 — *Le Mauvais riche.*

PATEL (Pierre)

85 — *Paysage avec figures près d'une cascade.*

PERINO DEL VAGA

86 — *Sainte Famille.*

Au premier plan, à gauche, l'Enfant-Jésus couché ;
près de lui, saint Jean-Baptiste se tenant à droite de
la Vierge en prières ; derrière ce premier groupe, saint
Joseph et sainte Élisabeth les regardent.

Bois. Haut., 1 m. 32 ; larg., 1 mètre.

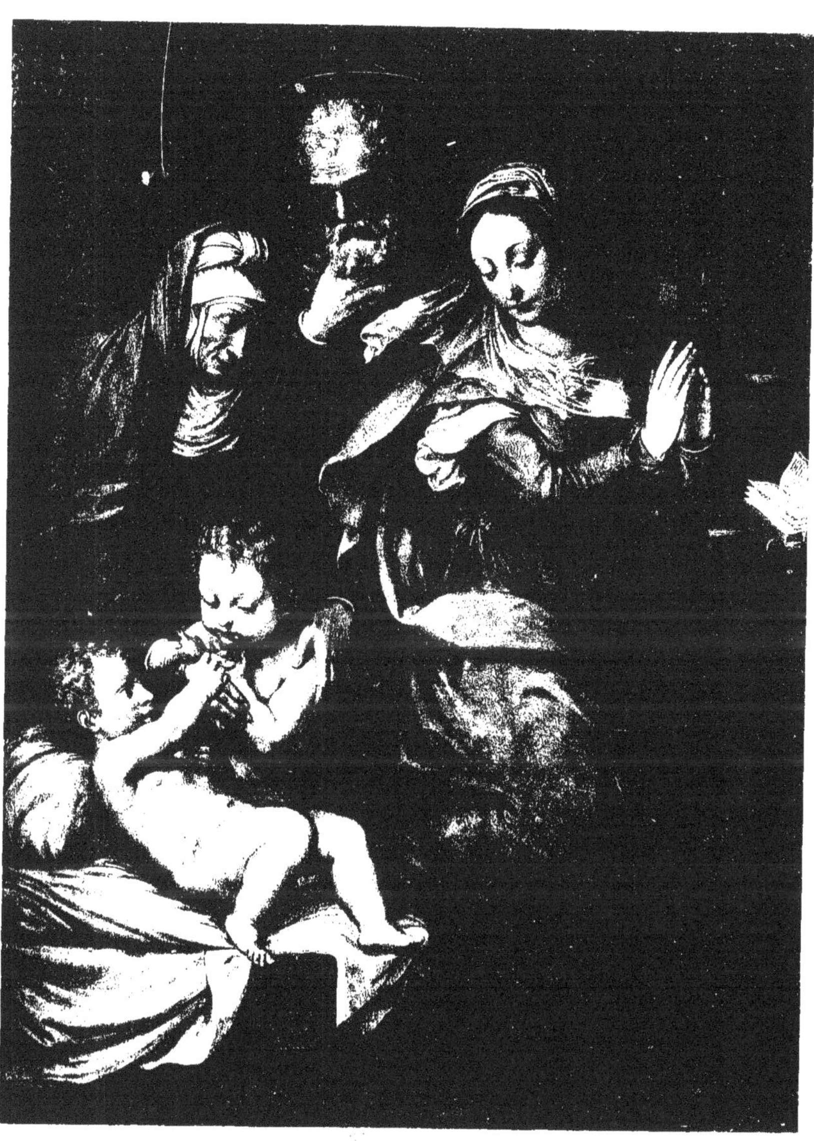

N.° 86.

PIERRE (École de J.-B.-Marie)

87 — *La Toilette de Vénus.*

Toile. Haut., 56 cent.; larg., 74 cent.

POUSSIN (École de Nicolas)

88 — *Vue d'Italie.*

Toile. Hau'., 1 m. 30 ; larg., 1 m. 20.

PRUD'HON (École de)

89 — *L'Amour et l'Amitié.*

Aquarelle.

RIBERA (École de)

90 — *Saint Jérôme.*

Toile. Haut., 84 cent.; larg., 70 cent.

RIGAUD (Attribué à Hyacinthe)

91 — *Moïse faisant jaillir l'eau du rocher.*

Esquisse.

Haut., 30 cent.; larg., 35 cent.

RUBENS (Atelier de P.-P.)

92 — *La Chasse au tigre.*

Au premier plan, un tigre furieux bondit sur un cavalier à turban blanc et casaque verte ; d'un coup de dent, le fauve lui emporte l'épaule gauche, tandis que des pattes de derrière il enfonce ses griffes dans la croupe de son cheval blanc qui se cabre. A droite, deux autres cavaliers armés de cuirasses : l'un d'eux va trancher le cou de l'animal avec son sabre ; à terre, un deuxième tigre blessé. A gauche, deux hommes, dont l'un est également blessé, tandis que l'autre ouvre de ses mains la gueule d'un troisième tigre et la lui brise. A l'arrière-plan, deux autres cavaliers s'efforcent de dégager leurs compagnons.

Bois. Haut., 1 m. 20 ; larg., 1 m 40.

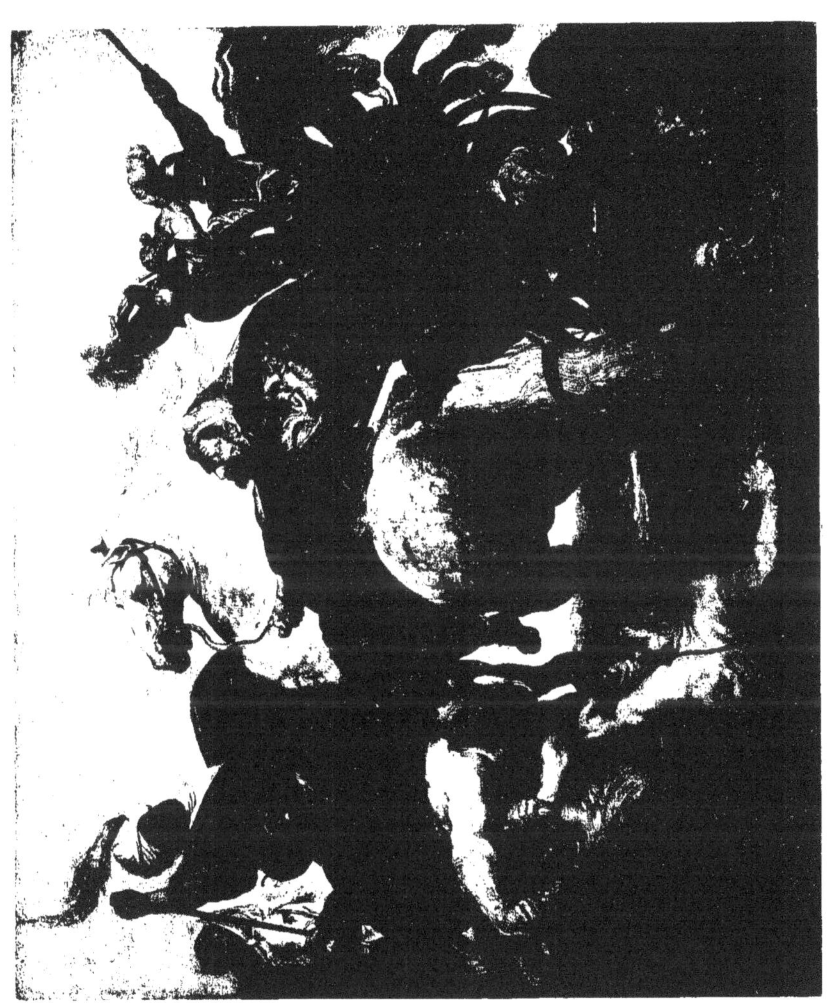

RUBENS (École de P.-P.)

93 — *Le Ruban.*

Une femme montre à un jeune seigneur un ruban
qu'elle tient de la main droite.

Toile. Haut., 34 cent.; larg., 26 cent.

SALVATOR ROSA

94 — *La Tempête.*

SALVATOR ROSA

95 — *Attaque d'un fort.*

Le pont-levis est tombé et l'armée assiégeante se
précipite sur l'ennemi.

SANZIO (Atelier de Raphaël)

96 — *Portrait du Pape Jules II.*

Assis dans son fauteuil papal, coiffé d'un bonnet de velours rouge bordé d'hermine, il est vêtu d'une aube de dentelle, recouverte d'une pèlerine de velours rouge bordée d'hermine également, l'index et le majeur de la main droite levés en signe de bénédiction ; il tient dans la main gauche un mouchoir de fine lingerie.

Peinture d'une belle tenue, réplique du tableau renfermé au musée de Florence.

Bois. Haut., 1 m. 05 ; larg., 79 cent.

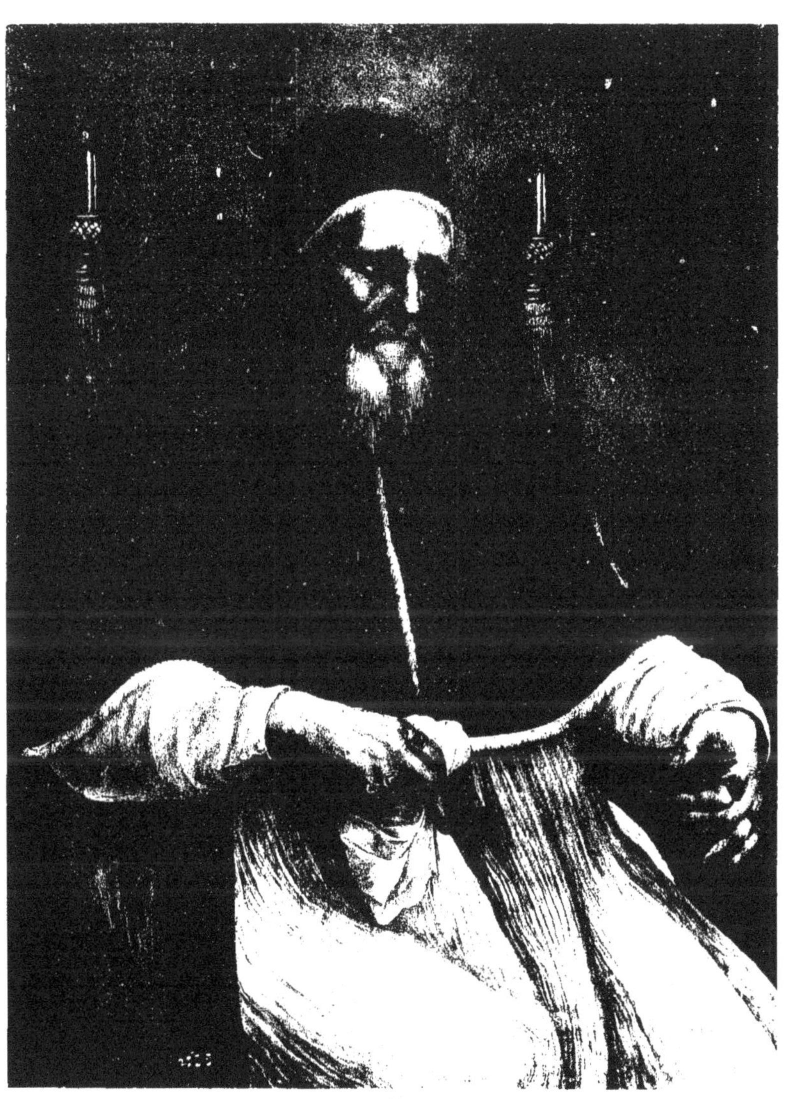

N° 96

SANZIO (École de Raphaël)

97 — *La Vierge, l'Enfant-Jésus et saint Jean-Baptiste.*

Toile. Haut., 90 cent.; larg., 64 cent.

SANZIO (École de Raphaël)

98 — *Tête de jeune homme.*

Toile. Haut., 35 cent.; larg., 30 cent.

SANZIO (D'après Raphaël)

99 — *La Vierge, l'Enfant-Jésus et saint Jean-Baptiste.*

Miniature.

SAUVAGE (Dans la manière de)

100 — *Portrait de jeune femme.*

Grisaille de forme ronde.

Diam., 53 cent.

SCHIDONE

101 — *Vierge, Enfant-Jésus et saint Jean-Baptiste.*

SEGHERS
(Daniel, dit le Jésuite d'Anvers)

102 — *Vierge priant, entourée d'une guirlande de fleurs.*

SNYDERS
et HUYSMANS DE MALINES

103 — *Repas de singes.*

Dans un paysage, deux singes grignotent des fruits; derrière eux, à gauche, un troisième compère apparaît effaré.

SNYDERS (École de François)

104 — *Têtes de fauves.*

Toile. Haut., 1 m. 3o ; larg., 1 mètre.

TAVERNIER

105 — *Pâtre gardant son troupeau près d'un château.*

Signé et daté à droite : *1834.*

TENIERS (David)

106 — *Étude d'oiseaux.*

TIEPOLO (École de J.-B.)

107 — *L'Olympe.*

Esquisse.

Toile. Haut., 53 cent.; larg., 34 cent.

VALENTIN (Genre de)

108 — *Portrait de jeune homme, coiffé d'une toque de fourrure.*

VIGER (H.)

109 — *Portrait de la femme de l'artiste.*

VLIÉGER (Simon de)

110 — *La Tempête.*

A droite, un voilier lutte contre les vagues.

Toile. Haut., 32 cent.; larg., 42 cent.

WEBBER (Z.)

111 — *Portrait d'un seigneur*.

Tourné légèrement à droite, la tête de face, drapé dans un large manteau rouge lie de vin, à broderies d'or, la main gauche posée sur la poitrine ; de la droite, il tient une canne.

Signé en bas, à gauche.

Toile. Haut., 45 cent. ; larg., 38 cent.

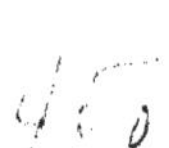

ZIEM

112 — *Vue de Capri*.

Une route conduit à la ville ; à droite, au loin, on aperçoit la mer.

Toile. Haut., 22 cent.; larg., 28 cent.

ZORG

113 — *Intérieur de poulailler*.

A droite, par terre, pêle-mêle, des ustensiles de cuisine ; à gauche, coqs et poules.

Signé du monogramme en bas, à droite.

Bois. Haut., 43 cent.; larg., 54 cent.

---

114 — Lot composé de cinquante-sept panneaux en cuir de Cordoue de l'époque Louis XIV.

ÉCOLE FRANÇAISE (XVᵉ siècle)

115 — *Deux enluminures sur vélin.*

Sujets religieux.